Dieses Buch
gehört:

....

Wenn Papa es nicht reparieren kann, sind wir im Arsch.

Was wäre meine Welt nur ohne dich?
Du hast mich liebevoll aufgezogen,
mich auf ein selbstständiges Leben
vorbereitet, mir die Welt erklärt
und mit mir Abenteuerausflüge
gemacht. Für all das und so vieles
mehr schätze und liebe ich dich.

DU BIST MEIN BESCHÜTZER UND MEIN FELS IN DER BRANDUNG.

ES TUT GUT ZU WISSEN,
DASS DU MIR IMMER DEN
RÜCKEN STÄRKST, AUCH WENN
ES KOMPLIZIERT WIRD.

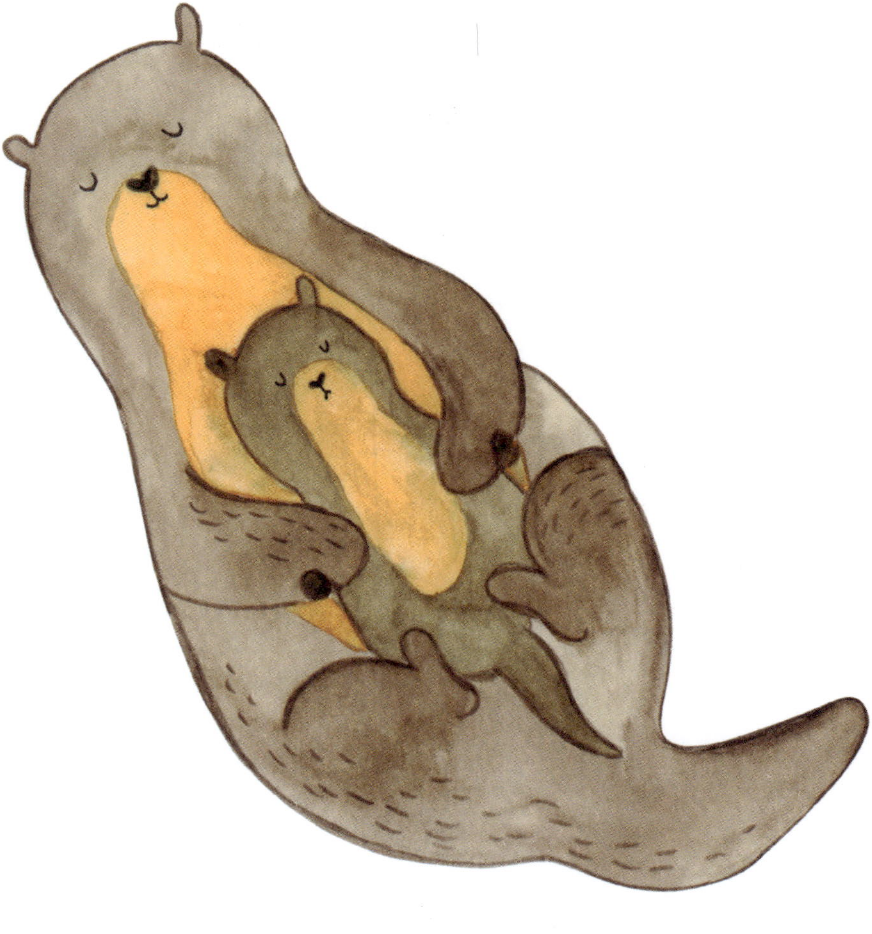

ICH BIN STOLZ DARAUF,
DEIN KIND ZU SEIN.

DANKE FÜR DEINE GEDULD.
ES WAR BESTIMMT NICHT
IMMER EINFACH MIT MIR.

DU HAST MIR SO VIEL BEIGEBRACHT UND MICH AUFS LEBEN VORBEREITET.

DU BIST EIN VORBILD FÜR MICH.

GEMEINSAM HABEN WIR SO
VIELE ABENTEUER ERLEBT.

DU LÖST ALLE PROBLEME MIT UNGLAUBLICHER LEICHTIGKEIT.

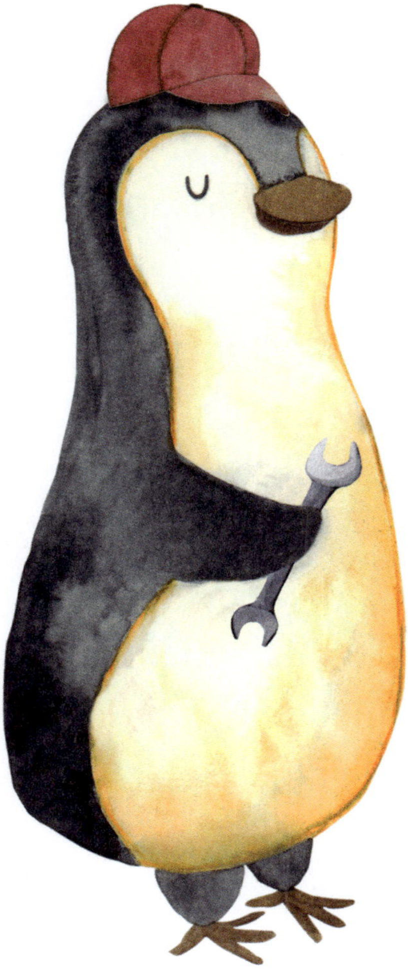

ICH BRAUCHE KEINEN SUPERHELDEN,
DENN ICH HABE DICH.

BLA BLA...

DANKE FÜR DIE GESCHICHTEN AUS DEINER KINDHEIT. ICH KÖNNTE DIR STUNDENLANG ZUHÖREN.

ICH HABE SO VIEL VON DIR GELERNT.

PAPA, DU BIST FÜR MICH
DER WUNDERVOLLSTE.

ES GIBT SO VIELE PAPAS AUF DER WELT UND AUSGERECHNET ICH HABE DEN TOLLSTEN!

MEINE LIEBLINGSFOTOS VON UNS:

DAS MÖCHTE ICH DIR UNBEDINGT NOCH SAGEN:

DAS IST MEIN ZUKUNFTSWUNSCH FÜR UNS:

Du bist für mich unglaublich wichtig
und ich bin stolz darauf,
dein Kind zu sein.
Danke für jeden Moment mit dir!

KENNST DU SCHON UNSERE ANDEREN FRÖHLICHMACHER?

Mr. & Mrs. Panda ist ein Handmade-Unternehmen, das 2014 von Nora von Gadenstedt und ihrem Lebenspartner Tobias Pirk gegründet wurde.
Die Idee dahinter: den Menschen ein Lächeln ins Gesicht zaubern. Mr. & Mrs. Panda möchten der Welt zeigen: Das Leben ist schön!

Also fing Nora an zu zeichnen. Sie zeichnet kleine Tiere, die Abenteuer erleben. Sie zeichnet Blumen, Berge und Glühwürmchen - eben das, was sie gerade fröhlich macht. So entstanden auch die ersten Motive für dieses Buch.

Tobi kümmert sich derweil darum, dass Noras Motive auf die verschiedensten Alltagsgegenstände kommen und in ihrem Onlineshop (www.pandaliebe.de) zu finden sind.

So erobern Tassen, Fußmatten, Postkarten, Poster, Mauspads, Stiftemappen, Handtücher und Kissen die Räume ihrer Manufaktur in Hannover.
Dass alle Produkte in der Panda-Schmiede von ihnen und ihren Panda-Helfern selbst hergestellt werden, ist für Nora und Tobias Ehrensache.

Alle Illustrationen sind mit viel Liebe entworfen und handgezeichnet.

Wir danken von ganzem Herzen für den unglaublich großen Erfolg von Mr. & Mrs. Panda.

Nora & Tobias

2. Auflage

librics GmbH & Co. KG
Göttinger Chaussee 76
30453 Hannover
Deutschland

www.pandaliebe.de
post@pandaliebe.de

Illustration & Text: Nora von Gadenstedt

ISBN: 978-3-947391-06-6